童眼识天下 百问百答

恐龙家族

KONGLONG JIAZU

央美阳光 / 绘编

化学工业出版社

·北京·

图书在版编目（CIP）数据

童眼识天下百问百答. 恐龙家族/央美阳光绘编.
—北京：化学工业出版社，2020.1（2025.1重印）
ISBN 978-7-122-35727-4

Ⅰ.①童…　Ⅱ.①央…　Ⅲ.①科学知识-儿童读物
②恐龙-儿童读物　Ⅳ.①Z228.1②Q915.864-49

中国版本图书馆CIP数据核字（2019）第252354号

| 责任编辑：王思慧　谢　娣 | 封面设计：史利平 |
| 责任校对：宋　夏 | 绘　编：央美阳光 |

出版发行：化学工业出版社（北京市东城区青年湖南街13号　邮政编码100011）
印　　装：北京建宏印刷有限公司
889mm×1194mm　1/20　印张4　2025年1月北京第1版第6次印刷

购书咨询：010-64518888　　售后服务：010-64518899
网　　址：http://www.cip.com.cn
凡购买本书，如有缺损质量问题，本社销售中心负责调换。

定　　价：25.00元

大眼睛，转啊转，我们身边的世界真奇妙！不仅多姿多彩的大自然有秘密，神秘莫测的宇宙有故事，就连生活中的衣食住行也蕴含着很多大道理呢。亲爱的小朋友，看着这个新奇的世界，你的脑海里是不是常常会冒出很多问号："它们究竟有什么奥秘？"别着急，《童眼识天下百问百答》来帮你啦！有了这把神奇的钥匙，很多问题会迎刃而解。

《童眼识天下百问百答》里有许多个有趣的"为什么"，还有上千幅生动形象的精美手绘彩图。它们带你畅游知识的海洋，让你足不出户就能拥抱星球，亲近自然，了解鸟兽鱼虫、花草树木以及衣食住行的神奇奥秘。还等什么？快跟着《童眼识天下百问百答》一起去广阔科学世界走一走、看一看吧！相信在这次旅程过后，你就能成为科学"小百事通"啦！

小朋友们，你们知道恐龙吗？它们是一群神秘而厉害的动物，在亿万年前，还是陆地霸主呢。怎么样，是不是对恐龙很感兴趣呀？那么，就让我们跟随《恐龙家族》一起去恐龙时代探险吧。在旅途中，你会知道：霸王龙有哪些厉害的武器？最聪明的恐龙是谁？板龙为什么要吃石头？剑龙的剑板有什么用？……是不是想想就万分期待？那就赶紧翻开书，踏上属于你的探险之旅吧！

mu lu

恐龙世界看一看

肉食恐龙家族

植食恐龙家族

天上和海里的龙族

恐龙世界看一看

　　谁说恐龙只是地下的化石？只是博物馆里展览的标本？它们真实存在，曾经生活在人类还未诞生的蛮荒地球上。恐龙不仅有着属于自己的魅力，还藏着许许多多的秘密。

恐龙是什么样的？

说起恐龙，小朋友的脑海里可能会想到的是在电影里看到的样子：矫健的四肢、长长的尾巴和庞大的身躯。然而在 19 世纪之前，人们对于恐龙几乎一无所知。直到英国的曼特尔夫妇发现了一些奇怪的"石头"，尘封的恐龙化石被发掘出来，恐龙才开始走进人们的视野。其实，恐龙是个大家族，不同种类的恐龙个头有大有小，身材有高有矮，有的长着巨大的脑袋、尖锐的牙齿，有的长着长长的尾巴，柱子一样的四肢……

恐龙"统治"了地球多少年？

都说恐龙是当时地球上的霸主，那么它们"统治"了地球多少年呢？诞生于三叠纪的恐龙，历经了三叠纪、侏罗纪，最终在白垩纪消亡，这么算下来，它们统治地球长达约 1.75 亿年的时间。

3

恐龙的名字从哪来？

为什么恐龙叫"恐龙"，而不叫别的名字呢？1677年，一个叫普洛特的英国人发现并记录了恐龙化石，还把它写进书里，但他却不知道这是恐龙的化石。直到曼特尔夫妇发现并研究了禽龙化石，人们才知道这些是早已灭绝的动物。1842年，英国著名的古生物学家理查德·欧文将这个物种的动物命名为"Dinosaur"，意思是"恐怖的蜥蜴"。我国科学家翻译过来，称它为"恐龙"。

恐龙在哪里生活？

　　小朋友肯定很关心，恐龙在哪里生活呢？其实不同的恐龙生活环境不一样。很多植食恐龙喜欢生活在水边，那里有充足的水源和食物，所以沼泽、森林是很多恐龙的栖息地；也有的植食恐龙为了更加安全，会在环境恶劣的地方生活，例如沙漠、戈壁。而肉食恐龙则会根据自身的战斗力，在植食恐龙和其他猎物丰富的地方出没。

恐龙是什么颜色的？

恐龙到底是什么颜色的？其实，植食性恐龙的皮肤颜色可能比较单调，如暗绿色、灰褐色，尽可能与生存环境一致；而肉食性恐龙可能具有色彩斑斓的皮肤；还有部分恐龙的皮肤也许具有比较亮丽的警戒色；除此之外，一些小型恐龙可能和现代的变色龙一样，能随着环境的变化而改变皮肤的颜色，可以很好地伪装和保护自己。当然，这些只是人们的推测，恐龙皮肤颜色之谜还需要我们不断去探索和研究。

恐龙是集体捕猎的吗？

在恐龙世界里，食肉恐龙虽然凶猛，但也并不是每天都能捕捉到猎物填饱肚子，饿肚子的现象也经常发生，尤其是那些个子小的肉食恐龙。为了生存，它们想出了各种各样的捕猎方式，成群结队地捕杀猎物成了食肉恐龙捕猎的一种主要方式。

恐龙能不能在空中飞？

在我们的想象中，恐龙的个体极为庞大笨重，根本不可能像鸟儿一样轻盈地翱翔在天空中！但实际上，也有的恐龙长着羽毛和翅膀，例如白垩纪时期的小盗龙，它的四肢都长有羽毛，就像是两对翼。利用这两对"翅膀"，小盗龙可以在森林中滑翔。

恐龙会生病吗？

生活在亿万年前的恐龙在我们印象里都有强大的生命力，但其实和人类一样，恐龙也会得骨病，它们的脊椎会发生病变。在恐龙中，脊椎关节病的骨病理特征和人类很相近，这是一种非常古老的疾病。人类得了病可以去看医生，可是恐龙得了病，就只能忍受病痛直到死亡了。

恐龙吃什么？

你一定很好奇，曾经统治陆地的霸主究竟会吃些什么吧。是香喷喷的肉？还是清淡的植物？又或者来者不拒，有什么吃什么？要想知道恐龙平时吃什么，就要先从它们的嘴部下手。长着结实的颌骨和匕首般锋利牙齿的恐龙一般是吃肉的，长着棒状或钉状牙齿的恐龙一般是吃素的，当然，除此之外，还有荤素两不误的杂食恐龙。

所有恐龙都有大爪子吗？

恐龙的爪子都很大吗？当然不，一般肉食恐龙才会有锋利的爪子，这是它们捕猎的利器。不过也有例外，有的植食恐龙也长着大大的爪子，这样的爪子可以帮它们勾取高处的植物，恐吓进犯的敌人。

人类怎么知道恐龙的寿命有多长呢?

　　恐龙能活到多少岁呢?要想回答这个问题,可能有点难,毕竟恐龙已经灭绝了。但是科学家们依然有办法。科学家们通过研究恐龙化石的年轮,或者通过现存恐龙的近亲,就能够推断出不同种类的恐龙,寿命大约有多长啦!

恐龙是几条腿走路？

　　恐龙的行走方式主要有两种——四足行走和两足行走。用四肢着地行走的恐龙大部分是植食恐龙。因为它们身躯庞大，四肢粗壮，只有四脚着地才能走得更加踏实；用后肢两条腿行走的恐龙大多是凶猛的肉食类。它们后肢粗壮，能站立行走；前肢相对瘦弱，可以抓取食物。当然，也有的恐龙能在两种行走方式中自由切换。

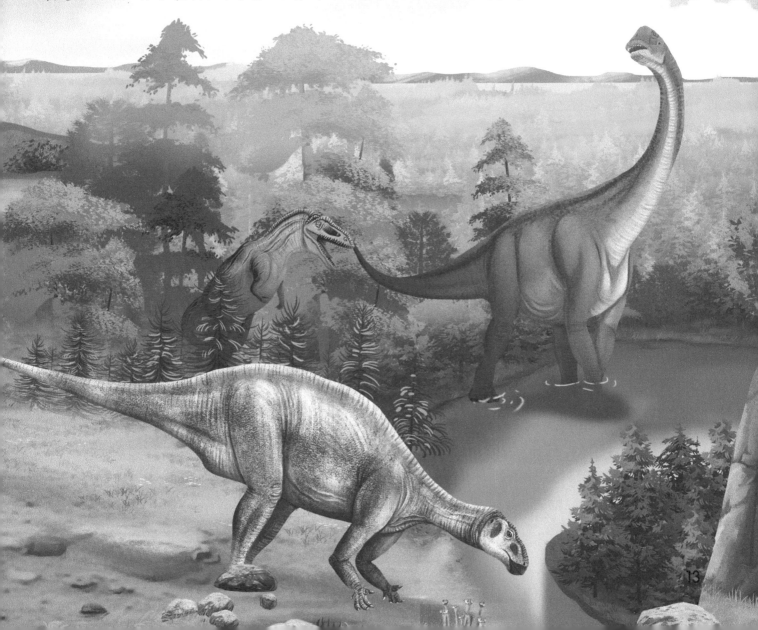

恐龙是怎样生宝宝的？

与现在的爬行动物一样，恐龙也是通过产蛋的方式繁育后代的。恐龙蛋里有蛋黄和胚胎，胚胎被一层薄薄的膜包裹着，吸收蛋黄里的营养，在蛋中慢慢地长大，直到孵化为小恐龙破壳而出。

恐龙蛋为什么并不大？

恐龙蛋与父母的体形比起来，可以说大小相距甚远。这主要是因为恐龙蛋如果太大，蛋黄很容易把蛋壳撑破，如果蛋壳很厚，小恐龙又不能轻易破壳而出，所以大多数恐龙把蛋生得小一些，既保护了宝宝，又很好地繁衍种族。

恐龙长羽毛吗？

在我们的印象里，恐龙都是长着坚硬表皮，浑身褶皱的家伙，可是你知道吗？有些恐龙是长着羽毛的。这些羽毛很可能是用来表明"性别"的"装饰品"，也可能是在寒冷的冬天用来保暖的。

15

恐龙的视力如何?

　　恐龙视力的好坏往往是由眼睛的大小和位置决定的。一般情况下，眼睛大的恐龙视力较好，眼睛小的恐龙视力情况则相对差一些。

　　肉食恐龙的双眼距离较近，而且大多长在脑袋的前面，看物体时的立体感有助于它们捕杀猎物。相反，植食恐龙的眼睛多位于头的两侧，不仅能看到前面的危险，还能及时发现身后的敌人。

恐龙会发出声音吗？

　　语言是人用来交流的方式。那么，有谁知道恐龙平时在生活中是靠什么来沟通的呢？难道它们也会"说话"吗？一般来讲，动物"说话"除了靠声带振动以外，还有用身体摩擦发声的方法。虽然古生物学家暂时还没有发现恐龙的声带化石，但他们研究过恐龙的头骨结构，发现里面有容纳空气的空间和气管，所以恐龙可能就是用声音交流。

恐龙是怎么灭绝的？

关于恐龙灭绝的原因，一直是令古生物学家头疼的问题，他们猜测恐龙灭绝有几种可能：植食恐龙因为误食了有毒的植物而死亡，而肉食恐龙也间接中毒；也有可能是地震和火山爆发频繁，生存环境恶化；也可能是一颗小行星猛烈地撞向地球，大量尘埃与烟雾遮住了太阳，大量植物枯萎凋零，恐龙也因为没有食物而灭绝……

恐龙是怎么变成"石头"的？

一只恐龙死亡后会被湖水或河流淹没，尸体沉入水中，开始慢慢腐烂。保留下来的恐龙骨骼和牙齿渐渐被泥沙掩埋、压实。随着时间的推移，泥土一层又一层地沉积。恐龙牙齿和骨骼是由矿物质组成的 ，这些矿物质在地下分解和重新结晶，经历"石化"作用，变得更加坚硬。很多很多年以后，由于地壳抬升、风化剥蚀等作用的影响，恐龙化石出现在人们的视野中。

19

恐龙的近亲是谁?

恐龙虽然已经消失，但是你知道吗？其实它们有很多近亲就一直生活在我们的身边，甚至有些种类和我们的关系很密切。比如鸟类、鳄鱼，有科学家研究表明，它们都是恐龙的近亲哦！

肉食恐龙家族

　　肉食恐龙看似凶猛无比，却有难言的苦衷——不同于植食恐龙食用绿叶即可饱餐，肉食恐龙在寻找食物方面花费的体力、精力可就多了，它们必须想方设法采取各种"战术"将目标猎物变成口中餐。

霸王龙有哪些厉害的武器？

霸王龙为何能够成为强大到无敌的存在？看它这不讲理的"配置"就知道了！霸王龙最具攻击性的武器应该就是它的大嘴！一口坚硬而锋利的牙齿，咬合力更是惊人。霸王龙的后肢非常强大，可以快速奔跑；而霸王龙的尾巴又长又厚实，一尾巴就能把巨石拍碎！有这么多厉害的武器，怪不得霸王龙被称为"恐龙之王"呢。

霸王龙的小前肢有什么用？

霸王龙的前肢非常有趣。因为跟身体比起来，它的前肢小得可怜。科学家猜测，长出这样的小前肢可能是为了捕获猎物，也可能是为了恐龙间交流而使用"恐龙手语"，说不定，还能在庞大的身躯倒地后帮助它们支起身体。

食肉牛龙为什么被称为"白垩纪猎豹"？

食肉牛龙又叫"牛龙"，是种头顶"牛角"的恐龙，食肉牛龙长而粗壮的后腿能让它们快速奔跑。有专家推测，食肉牛龙可能是目前奔跑最快的大型恐龙之一，速度可达每小时 60 千米左右。因此，有人称它们为"白垩纪版的猎豹"。

食肉牛龙的角从小就有吗？

"牛角"对于食肉牛龙来说，具有非常重要的意义。它不仅起到装饰的作用，还是食肉牛龙成年后的"礼物"。当"牛角"成长到一定程度，就说明食肉牛龙已经成年了。

25

异特龙头上的小角是什么？

在博物馆参观异特龙骨架或复原模型的时候，你也许会发现异特龙的头顶有一对"小角"。其实，那是异特龙薄弱的角冠，由向上延伸的泪腺构成。这对"小角"应该是它们用来吸引异性的"装备"。

南十字龙的名字从哪来？

它的名字好奇怪，为什么会叫"南十字龙"？ 1970 年，南十字龙的化石在巴西被发现。很少能发现恐龙化石的南半球居然出现了恐龙化石，这令当时很多的古生物学家震惊，为了记住这一时刻，他们便根据只有在南半球才可以看见的"南十字星座"将这具化石的主人命名为"南十字龙"。

巨齿龙为什么是"恐龙明星"？

恐龙界谁是最早被人类熟知而闻名于世的明星呢？这个"恐龙明星"的称号，非巨齿龙莫属了。巨齿龙是最早获得命名的恐龙。人们在很早以前就发现了它的化石，但一直误认为那是怪兽或其他动物的化石。直到1824年，一位英国的地质学家巴克兰才将这些化石显示的生物命名为"巨齿龙"。

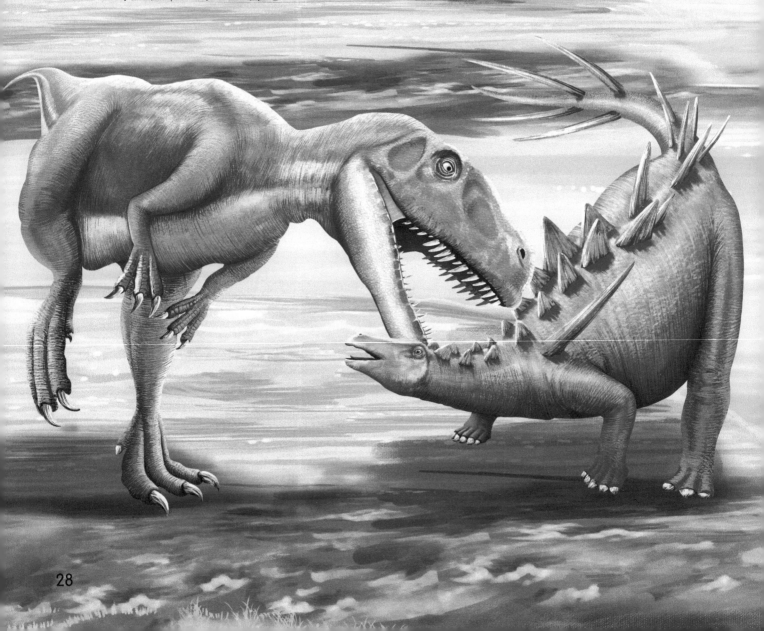

气龙很爱发脾气吗?

气龙的名字与它是否喜欢"生气"没有关系,而是由于它们的化石是被我国一个天然气工程队在勘探天然气田时发现的。当时还没有人知道这种恐龙叫什么,于是就起了气龙这个名字。

伶盗龙是如何捕猎的?

　　伶盗龙最喜欢潜伏在猎物经常出没的地方，静静等待时机的到来。一旦猎物出现，伶盗龙就会选择悄无声息地靠近，直至来到距离猎物不远的地方，然后一跃而起，在对方毫无防备的时候将其摁倒在地，然后抬起脚用锋利的爪子发起攻击。就这样，伶盗龙完成了一场利落的猎杀。

体形小的恐爪龙为什么很可怕？

在种类多样的恐龙帝国里，可千万不要以外形去判断恐龙的攻击力。难道个子小的恐龙就好欺负吗？凶悍的恐爪龙会立即让你改变这个想法的。因为体形瘦小，所以从不单打独斗，它们会聚集成群，集体行动，只要发现目标，就会一大群扑上来，仗着自己体形灵巧，机动灵活，时不时举起镰刀般的利爪，配合前肢的爪子，不断给对方造成伤害。

棘龙背上的"帆"是怎么回事？

第一眼看到棘龙，你就会被它们背上的帆状物吸引。这张帆由非常高大的神经棘构成，这些神经棘从背部脊椎骨延伸出来。那么，这背帆是做什么的呢？古生物学家设想，背帆可能是棘龙吸引配偶、调控身体温度的"法宝"。

伤齿龙是最聪明的恐龙吗？

　　如果你以为恐龙都是智力不高的动物，那你可就大错特错了。伤齿龙是恐龙家族里的"智者"。就身体和大脑的比例来说，伤齿龙的大脑是恐龙中最大的，因而它被认为是最聪明的恐龙。有些科学家认为它比现代绝大多数爬行动物都要聪明。

窃蛋龙为什么被冤枉？

别看窃蛋龙的名字跟小偷沾边，就以为它是个坏家伙。其实，人们一直以来都误会它了，窃蛋龙压根儿没有偷过蛋。谈到窃蛋龙的"冤情"，那可就说来话长了。古生物学家第一次见到窃蛋龙的化石时，发现它正以一种奇怪的姿势趴在一窝蛋上面，于是认为它是一只意图对恐龙蛋图谋不轨的"偷蛋贼"。因此"窃蛋龙"这个带有嘲讽意味的名字就落到了它的身上。后来，人们才发现窃蛋龙是在孵蛋，而不是在偷蛋。

嗜鸟龙的名字是怎么来的？

　　嗜鸟龙，这个名字由来是因为专家们曾认为嗜鸟龙可能以鸟类为主要食物，所以才为它起了这样的名字。嗜鸟龙真的爱吃鸟吗？其实嗜鸟龙早于鸟类的存在，不过因为它和始祖鸟生活在一个时代，所以它们可能会捕食始祖鸟。

始祖鸟是鸟吗？

侏罗纪晚期，出现了一种"能短暂飞行的鸟"。它曾被科学家认定是鸟类的祖先。但后来发现，它属于恐龙家族。它的名字叫始祖鸟，但它却不是鸟。由于始祖鸟兼具了鸟类与恐龙的特征，因此科学家认为始祖鸟可能是爬行类动物向鸟类进化的一种过渡类生物，但仍然属于恐龙家族的成员。

中华龙鸟是鸟还是龙？

中华龙鸟，这个名字真奇怪！那么，它到底是鸟还是龙呢？其实，最初发现中华龙鸟时，科学家们以为这是一种原始鸟类，于是给它取名叫中华龙鸟。但是后来经过古生物学家的研究，证实它实际上并不是鸟，而是一种小型食肉恐龙，因此"中华龙鸟"实际上应该是"中华鸟龙"。

驰龙跑得很快吗？

驰龙的身形比较小，体长只有 2 米左右。乍一看，你可能认为它们跑不快。但是，你知道吗？驰龙跑起来的速度甚至能达到每小时 40 千米！这速度简直让它们在贴地"飞行"！

鸟面龙前肢的尖爪有什么用？

鸟面龙的身材小小的，是已知最小型的恐龙之一，它的前肢很特别，人们曾经以为它的前肢只有一指，但新的标本显示它还有退化的第二指和第三指。为什么它们的前肢会如此特别呢？原来鸟面龙最爱的食物就是昆虫，前肢的小尖爪就是它获取食物的最好工具，它会利用前肢上的尖爪挖开昆虫的巢穴，然后用细长的嘴将昆虫吸进肚子里吃掉。

小盗龙有四只翅膀吗？

在白垩纪，有这样一种特别的恐龙——长着像鸟类的翅膀，浑身都有羽毛，是白垩纪已知最小的恐龙之一，它就是小盗龙。

小盗龙的体表覆盖着一层毛茸茸的飞羽，尤其是前肢和后肢几乎全被羽毛覆盖住。所以，小盗龙张开四肢时，看上去就像张开了四只翅膀一样。

为什么腔骨龙体重那么轻？

　　别看腔骨龙体形有现代的一辆小汽车那么大，但它的体重却连一个成年人都不及。腔骨龙全身上下的骨骼不仅纤细，而且都是中空的，骨骼内壁的厚度和纸张差不多。所以，腔骨龙无论是走路还是捕猎，动作都十分轻盈、灵巧。

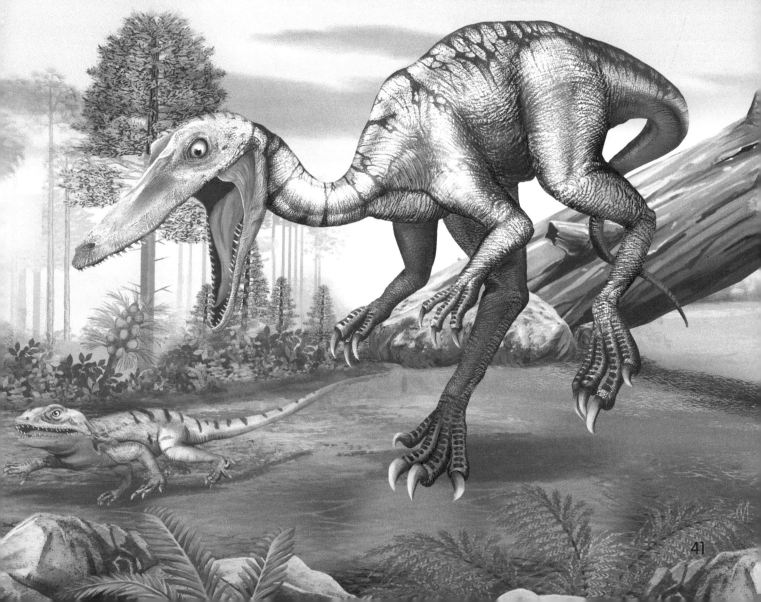

擅攀鸟龙长长的手指有什么用？

　　擅攀鸟龙的身体很娇小，大约只有 10 厘米长，但是它们前肢的手指却很长，尤其是第三指的长度，几乎是第二指的两倍长。这么长的手指有什么用呢？其实，长长的手指是擅攀鸟龙的捕食利器，它可以伸进树木的缝隙里，挖取昆虫。

植食恐龙家族

　　植食恐龙作为恐龙家族的重要成员，同样在恐龙的生存和发展历史上占有重要的地位。这些素食主义者有的体形庞大，有的身穿"盔甲"，有的装备着尖角和尾锤等武器……

梁龙的尾巴有什么用？

　　梁龙，在恐龙家族中以高大的身材以及像鞭子一样长的尾巴而闻名。梁龙巨大的身形能让肉食恐龙不敢轻易靠近。但也有胆大的掠食者对梁龙"虎视眈眈"。对付这些食肉恐龙，梁龙就会甩动长长的尾巴抽打对方，被这样结实有力的"长鞭"打中，再厉害的食肉恐龙恐怕也要疼上好几天了。

脖子最长的恐龙是谁？

　　马门溪龙的身长能达到 22 米左右。但它最令人惊讶的并不是体长，而是它那长长的脖子。马门溪龙的脖子约有身体的一半长。这个长度，是现在长颈鹿脖子的 3 倍！在马门溪龙的脖子里大约有 19 块颈椎骨叠压在一起，这让马门溪龙的长脖子非常僵硬，转动起来十分缓慢。

巴洛龙真的有八颗心脏吗？

　　小朋友们，你们知道吗？巴洛龙很可能有 8 颗心脏，因为它的脖子太长、头太高了，如果只有一颗心脏，那这颗心脏必须得有 1.6 吨重才能给大脑正常供血。可是它们的身体根本承受不了这么大的心脏，于是有人猜测它有 8 颗心脏，这 8 颗心脏像 8 台串联的水泵，一个接一个，如同传递接力棒那样，把血液传递到头部。

板龙为什么吃石头？

板龙是植食性恐龙，它们主要以植物的枝叶为食。这些食物质地粗糙，非常难以消化，而它们又吃得很快，几乎是不加咀嚼地囫囵吞下。为了更好地消化食物，板龙会吞下一些石头，帮助胃把食物碾碎，更好地消化。

47

为什么肿头龙要互相撞击头部？

肿头龙家族成员与其他植食恐龙一样，也喜欢过群体生活。但是，"家"不可一日无主。于是，为了争当"领头龙"，雄性肿头龙们经常举行"撞头"大赛，一"撞"分高下！争夺"首领"的恐龙，会一直持续撞头的动作，直到把对方撞到认输或放弃为止。群体中脑袋最硬、耐力最强的肿头龙才可能成为群体的"领头龙"。

肿头龙如何抵御敌人？

　　肿头龙的脑袋很坚硬，但这并不足以抵御食肉恐龙的袭击。所以肿头龙遇到危险时，会快速逃跑。如果实在无法逃脱，肿头龙就会齐心协力，将食肉恐龙围起来，摆出一副要狠狠撞击的架势，从而威吓食肉恐龙，让它害怕逃跑。

冥河龙的名字是什么意思？

20世纪80年代初，美国蒙大拿州的地狱溪地层中出土了一具恐怖的恐龙化石标本，它的头上、嘴上、鼻子上都长着尖锐的骨刺。因此，人们为它起名"冥河龙"，意思是"来自地狱溪的恶魔"。

戟龙身上有什么特点？

戟龙的体形并不大，和一头大象差不多。它的嘴巴像鹦鹉嘴一样，又硬又弯。这些都没有什么特别，戟龙最独特之处是它的角。它的鼻子上长着一个大大的角，脖子的颈盾周围长着 6 个大小不一的长角，看起来华丽又威风，这些角和颈盾是戟龙的重要武器，同时也是它们吸引异性的重要手段。

副栉龙的头冠有什么用？

　　副栉龙头顶长着一个漂亮的头冠，大约有 2 米长。这个头冠有什么用呢？你以为头饰只是用来求偶的，当然不会只有这么简单！副栉龙的冠饰结构是中空的，内部是空心的细管。冠饰和副栉龙的鼻子相连。科学家认为，冠饰可以帮助它们更好地辨认同类，还是它们沟通用的"扬声器"，而且，冠饰能够帮助它们调节体温呢。

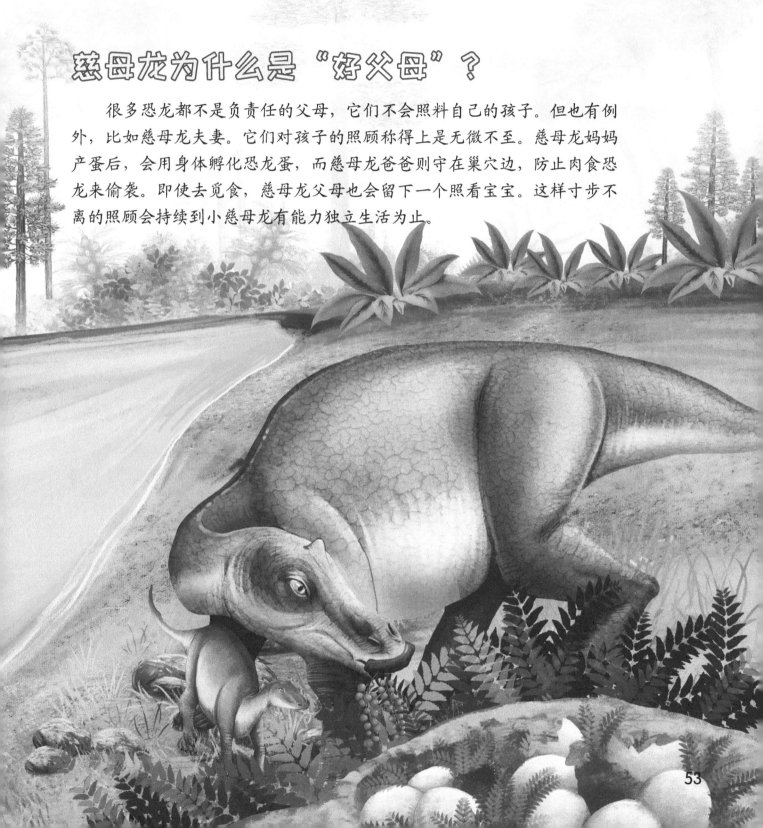

慈母龙为什么是"好父母"？

很多恐龙都不是负责任的父母，它们不会照料自己的孩子。但也有例外，比如慈母龙夫妻。它们对孩子的照顾称得上是无微不至。慈母龙妈妈产蛋后，会用身体孵化恐龙蛋，而慈母龙爸爸则守在巢穴边，防止肉食恐龙来偷袭。即使去觅食，慈母龙父母也会留下一个照看宝宝。这样寸步不离的照顾会持续到小慈母龙有能力独立生活为止。

包头龙最厉害的武器是什么？

包头龙可以说是用硬甲将自己从头到尾包了个严严实实，让掠食者无从下嘴。除了身上坚固的防御，它最厉害的武器就是尾巴上的"流星锤"了。如果被砸上一下，不死也得受重伤！

禽龙的拇指有什么用？

禽龙的前肢拥有5根指爪。其中，3根并拢成蹄状支撑身体，1根能弯曲可以抓握东西。最特别的要数那根尖尖的大拇指，能当作武器抵御敌人。如果受到"欺负"，禽龙就会立即站起来，用"拇指"狠狠地扎破敌人的脖子，然后趁机逃跑。

剑龙真的有两个大脑吗？

剑龙的身体和一头大象差不多，但是它的大脑却小得像颗核桃，这可愁坏了研究剑龙的科学家，人们认为剑龙这样的庞然大物是不可以用如此微小的大脑生存的。当时的古生物学家注意到剑龙接近臀部的地方有一个奇怪的洞，于是就猜测，这个洞应该就是剑龙的第二个大脑。事实上，随着研究的深入，人们发现剑龙臀部那个奇怪的洞，其实是一束神经，可以帮助剑龙控制运动。尽管如此，关于这个神秘的洞，还有一些未解之谜等待科学家的研究发现。

剑龙的剑板可能当作武器吗？

　　笨笨的剑龙很容易成为食肉恐龙的捕食目标，不过剑龙也不会束手就擒。当遇到袭击时，剑龙就会让两排骨板指向敌人，警告它们不要靠近。不过这些剑板是长在剑龙皮肤上的，根本不牢固，没什么杀伤力。如果真的有胆子大的袭击者冲上来的话，剑龙就会挥动尾巴，用钉子一样的尾部尖刺鞭打敌人，和对方一较高下。

恐龙里的"装甲车"是谁？

每次阅兵的时候，那威风凛凛的装甲车队看着就非常霸气。其实，恐龙家族里也有"装甲车"，它就是甲龙！

甲龙的皮肤上镶满坚硬的骨质"方块"，身体两侧有成排的尖刺，尾巴上还长着重重的尾锤。不仅如此，甲龙四肢很短，身体沉重，所以只能慢悠悠地走。远远看去，正在行走的甲龙很像一辆慢速行驶的"装甲车"。

鹦鹉嘴龙是鹦鹉的祖先吗？

　　想象一下，如果恐龙长了钩状的、似鹦鹉嘴的嘴巴，那会是什么样？你别说，恐龙中还真有这样个性的家伙，它们就是鹦鹉嘴龙。不过，鹦鹉嘴龙可不是鹦鹉的祖先，要说起来，它们应该是角龙家族成员的"祖先"。

三角龙的三只尖角是摆设吗？

"尖角"是三角龙最引以为豪的武器，它们的头上长有三只角，一只短角长在鼻尖上，两只长角长在头顶。尖角可不是摆设，它是实心的骨头，具有非常强大的破坏力，是三角龙用来进攻和自卫的超级武器。

畸齿龙的三种牙齿都有什么用？

畸齿龙长着3种不同类型的牙齿,这3种牙齿各有各的用。畸齿龙长在嘴巴前端的"小尖牙"叫"切齿",可以干净利落地切断坚韧的植物;长在嘴巴两侧的平整牙齿叫"颊齿",能把食物咀嚼成碎末;一对向外伸出的锋利牙齿是"獠牙",是畸齿龙独有的武器,可以保护自己、吸引配偶。

为什么说青岛龙像"独角兽"？

"独角兽"一直是神话中的动物。然而在我国山东省，古生物学家却找到了一个酷似"独角兽"的恐龙，它就是棘鼻青岛龙。棘鼻青岛龙头上长着一只细长的角，乍看上去还真有些像独角兽。至于这只"角"的作用，它很脆，可能只是个装饰品。

天上和海里的龙族

在陆地恐龙相互争霸的时候，天空和海洋里也出现了肉食者。这些家伙虽然不是恐龙，但它们是恐龙的近亲。翼龙制霸天空，海龙则在海洋中畅行无阻。

翼龙是恐龙吗?

在陆地恐龙相互争霸的时候,天空也出现了"会飞的"肉食者——翼龙。这些家伙不是恐龙,而是和恐龙一样的爬行动物。

最大的翼龙是谁?

如果说翼龙是史前天空的王者,那么风神翼龙就是翼龙家族的王者。风神翼龙生活在白垩纪,翼展超过11米长,是人类已知最大的飞行动物。

喙嘴龙的尾巴有什么用？

　　侏罗纪的海边，经常能见到一群长着细长尖嘴的喙嘴龙。它们的牙齿又尖又锋利，喜欢吃鱼，经常在海面上捕食鱼类。喙嘴龙的尾巴末端有一个舵状的皮膜，这种舵状皮膜能让它在飞行时保持平衡，特别是在空中改变飞行方向时，就像飞机上的自动稳定器一样灵敏。

为什么南翼龙的牙齿是"过滤器"？

　　小朋友们见过满嘴大胡须的龙吗？其实，它不是恐龙，而是翼龙家族的成员，名字叫南翼龙。南翼龙的牙齿有点像现代的须鲸——嘴里没有牙齿，而是长着许多能代替牙齿的角质骨板。南翼龙的这些"牙齿"密密麻麻的，如同梳子齿一样。这些梳子齿就像一个巨型的过滤器，在它们的帮助下，南翼龙就能把食物和水分开后吃进肚子。

无齿翼龙没有牙齿怎么办？

6500 多万年前，有一种脑袋长得像梭子一样的翼龙，它们非常常见，因为嘴里没有牙齿，因此被人们叫无齿翼龙。没有牙齿怎么吃东西呢？别担心，它们的咽喉位置长了个皮囊。古生物学家认为，无齿翼龙可能像现在的鹈鹕一样，用它的大嘴直接吞食鱼类或其他食物。

蛙嘴龙生活在哪里？

　　侏罗纪也有喜欢偷懒的家伙，喜欢寄居在其他大型恐龙的身上，享受舒服安逸的旅行，它们的名字是蛙嘴龙。蛙嘴龙喜欢吃昆虫，但有些昆虫捕捉起来很困难，于是古生物学家推测，蛙嘴龙可能是把大型恐龙的后背当作了"狩猎场"，吃大型恐龙身上的昆虫。

翼手龙是怎样飞上天的？

翼手龙会飞，但是它怎样起飞呢？古生物学家有不同的猜测：有的人认为翼手龙身体笨重，飞行负担太大，它们很可能需要爬到高处，然后张开翅膀顺风滑行；也有的人认为翼手龙翼很宽，只要用力扇动翼，就能被巨大的升力托举起来，让自己顺利起飞。

沧龙如何捕猎？

　　沧龙是白垩纪时期的海洋霸主之一。体形强大的沧龙看上去威风霸道。实际上，它们在捕食时十分推崇"偷袭"战术。其实，沧龙也是迫于无奈，谁让它们不适合持久的"追逐战"呢？捕猎时，沧龙会悄无声息地躲藏在海藻或礁石边上。只要有猎物靠近，它们就会猛地游出来，一口咬住反应不及的猎物，然后大快朵颐。

蛇颈龙的长脖子有什么用？

蛇颈龙长相很奇怪，扁圆的身体、长长的脖子。尤其是脖子，长得惊人，这是它们重要的"生存法宝"。蛇颈龙如果感到饥饿，就会用长脖子在海底搜寻美味的食物；遭遇危机时，也得靠着灵活的长脖子调整方向才能逃跑。要是没有了长脖子，蛇颈龙的生存能力会大打折扣。

滑齿龙为什么被称为"海洋霸主"？

说起海洋霸主，那怎么能少了滑齿龙呢？滑齿龙可是侏罗纪海洋中最强大的海洋生物之一。在巨大的鳍桨驱动下，滑齿龙在浅海水域威严地巡视，那布满尖锐牙齿的大嘴就像是一台恐怖的吞噬机器，还经常袭击那些比它体形还大的猎物。因此，一旦滑齿龙在浅海寻找猎物，鱼龙、蛇颈龙等都会躲得远远的，以防成了它的盘中大餐。

大眼鱼龙的眼睛有多大？

在侏罗纪的海洋里，还生活着一种叫"大眼鱼龙"的海洋生物。一双巨大的眼睛便是大眼鱼龙的标志性特征。据古生物学家测算，一条正常成年的大眼鱼龙的眼窝直径约有 10 厘米，相对于它们 3.5 米的体长来说，这样的眼睛确实很大了。